RECETTES MINI *budget* avec cookeo

LES PETITS LIVRES DE RECETTES
Moulinex

Juliette Lalbaltry
Photographies de Delphine Constantini

La CUISINE de D&T...

Sommaire

Repos — Préparation

Réfrigération — Cuisson

Moulinex
cookeo
BON APPETIT !
00:00
ok

La révolution dans votre cuisine avec le multicuiseur intelligent Cookeo.

Ça y est, il trône fièrement dans votre cuisine, prêt à vous simplifier la cuisine au quotidien ! Ultra polyvalent grâce à ses 6 modes de cuisson, le Cookeo va vous permettre de manger à petits prix tout en variant vos repas, le tout sans aucune prise de tête.

Avec votre Cookeo il vous sera ainsi possible de cuire en mode vapeur, sous pression ou encore classique grâce à ses trois niveaux de températures : doux (mijoter), moyen et fort (dorer). Vous pourrez également réchauffer vos plats ou les maintenir au chaud jusqu'à 1 h 30 après la fin de cuisson.

Suivez le guide ! De l'entrée au dessert, découvrez 75 recettes pour exploiter au mieux toutes les fonctionnalités de votre nouvel allié et régaler votre famille et vos invités sans pour autant casser votre tirelire. En effet, nous proposons des recettes équilibrées et adaptées à tous les porte-monnaie, en privilégiant notamment des ingrédients simples et accessibles à tous, sans toutefois faire l'impasse sur les saveurs et la gourmandise.

Placez les ingrédients dans la cuve, programmez votre machine grâce à son écran intuitif que vous n'aurez aucun mal à apprivoiser et démarrez la cuisson automatique, sans vous soucier de la surveiller ! Il ne restera plus qu'à passer à table !

Avec Cookeo cuisinez vite et bien vos petits plats du quotidien, sans jamais vous ruiner !

Prêt à vous régaler ?

Apéritifs, entrées et soupes

ingrédients

500 g d'aubergines épluchées

2 gousses d'ail épluchées

1 échalote épluchée

1 cuill. à café d'origan

15 ml d'huile d'olive

Le jus de 1 citron

1 bouquet de coriandre

Tranches de pain grillé

CAVIAR D'AUBERGINE À LA CORIANDRE

4 personnes

10 MIN

6 MIN

1. Coupez les aubergines en dés.

2. Versez 200 ml d'eau dans la cuve du Cookeo et installez le panier vapeur. Déposez les aubergines et les gousses d'ail à l'intérieur. Choisissez le menu **Ingrédients**, puis **Légumes et fruits** et enfin **Aubergine**. Sélectionnez la fonction **En morceaux**, **500 g**, et lancez la cuisson.

3. Coupez grossièrement l'échalote. Mixez-la avec l'origan, l'huile d'olive, le jus de citron et les aubergines cuites. Assaisonnez. Parsemez de coriandre. Servez avec des tranches de pain grillé.

ingrédients

250 g de courgettes

2 jaunes d'œufs

150 ml de crème liquide

50 ml de lait
1 cuill. à soupe de farine

60 g de feta

10 feuilles de menthe

FLANS DE COURGETTES, MENTHE ET FETA

4 personnes

15 MIN

11 MIN

1. Coupez les courgettes en fines rondelles.

2. Versez les jaunes d'œufs, la crème liquide, le lait et la farine dans un récipient. Mélangez bien. Émiettez la feta dans la préparation. Salez et poivrez. Ajoutez les feuilles de menthe ciselées et les rondelles de courgettes. Répartissez l'appareil dans des ramequins et recouvrez de film alimentaire.

3. Versez 200 ml d'eau dans la cuve du Cookeo, installez le panier vapeur et déposez les ramequins à l'intérieur. Sélectionnez le mode **Manuel**, puis **Cuisson rapide** pour 11 minutes. Laissez tiédir, retirez le film alimentaire et dégustez.

ingrédients

200 g de Tuc®

40 g de beurre doux fondu

350 g de fromage frais

300 g de fromage blanc

4 œufs

1 botte de radis roses

CHEESECAKE AU FROMAGE FRAIS ET AUX RADIS

4 personnes

20 MIN

30 MIN

2 H

1. Réduisez les Tuc® en poudre et mélangez-les avec le beurre fondu. Tapissez le fond d'un moule à manqué de 20 cm de diamètre de papier sulfurisé. Recouvrez avec le mélange précédent. Tassez bien avec le dos d'une cuillère et réservez au réfrigérateur.

2. Mélangez le fromage frais, le fromage blanc et les œufs dans un récipient. Salez et poivrez. Lorsque la préparation est homogène, versez-la sur la base du cheesecake et couvrez de film alimentaire.

3. Versez 200 ml d'eau dans la cuve du Cookeo, installez le panier vapeur et déposez le moule à l'intérieur. Sélectionnez le mode **Manuel**, puis **Cuisson rapide** pour 30 minutes. Laissez complètement refroidir et réservez 2 heures au réfrigérateur.

4. Coupez les radis en rondelles. Placez-les sur le cheesecake en les faisant se chevaucher avant de servir.

ingrédients

240 g de thon au naturel

1 échalote
épluchée

5 œufs

200 ml de crème liquide

70 g de concentré
de tomates

3 brins de persil

PAIN DE THON À LA TOMATE

4 personnes

15 MIN

35 MIN

1. Égouttez le thon et émiettez-le. Émincez finement l'échalote. Versez le tout dans un saladier et mélangez. Ajoutez les œufs, la crème liquide et le concentré de tomates. Salez et poivrez. Ajoutez le persil ciselé. Mélangez bien.

2. Déposez une feuille de papier sulfurisé au fond d'un moule à manqué de 20 cm de diamètre. Versez-y la préparation et couvrez de film alimentaire.

3. Versez 200 ml d'eau dans la cuve du Cookeo, installez le panier vapeur et déposez le moule à l'intérieur. Sélectionnez le mode **Manuel**, puis **Cuisson rapide** pour 35 minutes. Laissez reposer 10 minutes environ, couvercle ouvert, avant de sortir le moule du robot. Dégustez froid, avec un mesclun.

MUFFINS À LA COURGE ET AU BLEU D'AUVERGNE

4 personnes

15 MIN

35 MIN

ingrédients

250 g de chair de courge butternut

2 œufs

80 g de farine

1 cuill. à café de noix de muscade

50 g de bleu d'Auvergne

Ciboulette ciselée

1. Coupez la courge en dés. Versez 200 ml d'eau dans la cuve du Cookeo, installez le panier vapeur et déposez les morceaux de courge à l'intérieur. Sélectionnez le mode **Manuel**, puis **Cuisson rapide** pour 10 minutes. Laissez refroidir.

2. Écrasez la courge en purée dans un saladier avec les œufs, la farine et la noix de muscade. Salez et poivrez, puis ajoutez le bleu d'Auvergne coupé en morceaux. Répartissez la préparation dans 6 petits moules en silicone.

3. Lavez la cuve. Versez-y 200 ml d'eau, installez le panier vapeur et déposez les moules à l'intérieur. Sélectionnez le mode **Manuel**, puis **Cuisson rapide** pour 25 minutes. Laissez tiédir avant de déguster avec un petit peu de ciboulette ciselée.

ingrédients

3 œufs
75 ml d'huile d'olive
80 ml de lait

1 filet de vinaigre balsamique
250 g de farine
½ sachet de levure chimique

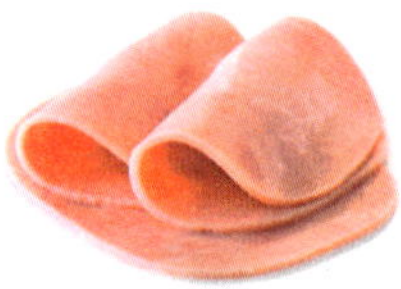

150 g de jambon blanc

1 boule de mozzarella

100 g de petits pois surgelés

CAKE AU JAMBON, PETITS POIS ET MOZZARELLA

4 personnes

15 MIN

50 MIN

1. Battez les œufs avec l'huile d'olive, le lait et le filet de vinaigre balsamique. Salez et poivrez, puis ajoutez la farine et la levure chimique.

2. Coupez le jambon et la mozzarella en morceaux. Incorporez-les au mélange précédent avec les petits pois. Mélangez le tout et versez dans un moule à cake de 20 cm. Recouvrez de film alimentaire.

3. Versez 200 ml d'eau dans la cuve du Cookeo, installez le panier vapeur et déposez le moule à l'intérieur. Sélectionnez le mode **Manuel**, puis **Cuisson rapide** pour 45 minutes.

4. Retirez le film alimentaire et laissez refroidir complètement. Pour davantage de croustillant, passez le cake 5 minutes sous le gril du four.

ingrédients

3 œufs

75 ml d'huile d'olive
100 ml de lait
250 g de farine

½ sachet de levure chimique

150 g de bûche de chèvre

100 g de poivrons marinés

CAKE AU POIVRON ET AU CHÈVRE

4 personnes

15 MIN

50 MIN

1. Battez les œufs avec l'huile d'olive et le lait. Salez et poivrez, puis ajoutez la farine et la levure chimique.

2. Coupez la bûche de chèvre et les poivrons en morceaux. Incorporez-les au mélange précédent. Versez dans un moule à cake de 20 cm. Recouvrez de film alimentaire.

3. Versez 200 ml d'eau dans la cuve du Cookeo, installez le panier vapeur et déposez le moule à l'intérieur. Sélectionnez le mode **Manuel**, puis **Cuisson rapide** pour 45 minutes.

4. Retirez le film alimentaire et laissez refroidir complètement. Pour davantage de croustillant, passez le cake 5 minutes sous le gril du four.

ingrédients

1 échalote épluchée

5 œufs

5 cuill. à soupe de crème fraîche épaisse

1 filet de vinaigre balsamique

1 petite boîte de petits pois et carottes

1 petite boîte de haricots verts

1 petite boîte de haricots beurre

TERRINE DE PETITS LÉGUMES PRINTANIERS

4 personnes

20 MIN

45 MIN

2 H

1. Émincez l'échalote. Battez les œufs avec la crème et le vinaigre dans un saladier. Salez et poivrez, puis ajoutez l'échalote.

2. Recouvrez l'intérieur d'un moule à cake de 20 cm de film alimentaire. Déposez-y une petite quantité de petits pois-carottes et de haricots, puis recouvrez de la préparation aux œufs. Répétez l'opération plusieurs fois en terminant par de la préparation aux œufs. Couvrez de film alimentaire.

3. Versez 400 ml d'eau dans la cuve du Cookeo, installez le panier vapeur et déposez le moule à l'intérieur. Sélectionnez le mode **Manuel**, puis **Cuisson rapide** pour 45 minutes.

4. Laissez refroidir complètement, puis réservez au réfrigérateur. Dégustez avec une sauce tomate.

ingrédients

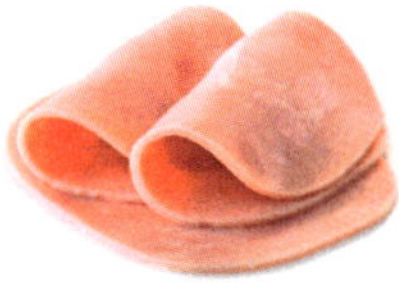

2 tranches de jambon

100 g de feta

4 œufs

200 ml de lait
½ sachet de levure chimique

100 g de farine

100 g d'olives vertes dénoyautées

CLAFOUTIS AU JAMBON, OLIVES ET FETA

4 personnes

15 MIN

25 MIN

1. Découpez le jambon et la feta en petits dés.

2. Battez les œufs dans un saladier. Incorporez le lait, la levure chimique et la farine. Battez bien le tout puis ajoutez les olives, le jambon et la feta. Salez et poivrez. Transvasez la préparation dans un moule à manqué de 20 cm de diamètre.

3. Versez 200 ml d'eau dans la cuve du Cookeo, installez le panier vapeur et déposez le moule à l'intérieur. Couvrez-le de film alimentaire. Sélectionnez le mode **Manuel**, puis **Cuisson rapide** pour 25 minutes.

4. Passez éventuellement le clafoutis 5 minutes sous le gril du four, pour qu'il soit bien doré.

ingrédients

4 œufs

100 g de saumon fumé

4 cuill. à café
de crème fraîche

Quelques brins d'aneth

ŒUFS COCOTTE AU SAUMON FUMÉ

4 personnes

5 MIN

3 MIN

1. Coupez le saumon en fines lamelles.

2. Cassez les œufs dans des ramequins, puis ajoutez les lamelles de saumon et la crème fraîche. Salez et poivrez, puis couvrez de film alimentaire.

3. Versez 200 ml d'eau dans la cuve du Cookeo, installez le panier vapeur et déposez les 4 ramequins à l'intérieur. Sélectionnez le mode **Manuel**, puis **Cuisson rapide** pour 3 minutes. Servez aussitôt avec quelques brins d'aneth et des mouillettes.

ingrédients

1 oignon épluché

150 g de chorizo

6 petites pommes de terre

5 œufs

4 cuill. à soupe de crème liquide

TORTILLA AUX POMMES DE TERRE ET CHORIZO

4 personnes

20 MIN

35 MIN

1. Émincez l'oignon. Taillez le chorizo en petits dés. Épluchez et découpez les pommes de terre en rondelles. Battez les œufs et la crème dans un saladier. Salez et poivrez. Couvrez de film alimentaire.

2. Sélectionnez le mode **Manuel** du Cookeo, puis **Dorer**. Faites revenir l'oignon, le chorizo et les pommes de terre pendant 5 minutes en remuant régulièrement. Retirez le mélange du Cookeo, incorporez les œufs battus et transvasez la préparation dans un moule à manqué de 20 cm de diamètre.

3. Lavez la cuve. Versez-y 200 ml d'eau, installez le panier vapeur et déposez le moule à l'intérieur. Sélectionnez le mode **Manuel**, puis **Cuisson rapide** pour 25 minutes.

4. Après cuisson, retirez le film alimentaire et passez la tortilla 5 minutes sous le gril du four.

SALADE DE CAROTTES AU CUMIN

4 personnes

5 MIN

7 MIN

ingrédients

8 carottes épluchées

1 cuill. à soupe d'eau de fleur d'oranger

Le jus de 1 citron

1 cuill. à soupe de graines de cumin

3 cuill. à soupe d'huile d'olive

3 brins de coriandre

1. Coupez les carottes en rondelles.

2. Versez 200 ml d'eau et l'eau de fleur d'oranger dans la cuve du Cookeo, installez le panier vapeur et déposez les carottes à l'intérieur. Sélectionnez le mode **Manuel**, puis **Cuisson rapide** pour 7 minutes.

3. Laissez refroidir les carottes. Déposez-les dans un plat avec les graines de cumin, l'huile d'olive et le jus de citron. Salez, poivrez et mélangez. Ajoutez quelques feuilles de coriandre fraîche.

ingrédients

400 g de pommes de terre épluchées

100 g de fromage blanc

4 cuill. à soupe de vinaigre balsamique

15 feuilles d'estragon environ

10 radis roses

½ oignon rouge épluché

SALADE DE POMMES DE TERRE AU RADIS ET ESTRAGON

4 personnes

20 MIN

10 MIN

1. Coupez les pommes de terre en rondelles. Versez 200 ml d'eau dans la cuve du Cookeo, installez le panier vapeur et déposez les pommes de terre à l'intérieur. Sélectionnez le mode **Manuel**, puis **Cuisson rapide** pour 10 minutes. Laissez refroidir.

2. Mélangez le fromage blanc et le vinaigre balsamique. Ciselez l'estragon par-dessus. Salez, poivrez et versez sur les pommes de terre.

3. Lavez les radis, puis équeutez-les et coupez-les en rondelles. Émincez le demi-oignon. Mélangez tous les ingrédients et servez bien frais.

ingrédients

6 courgettes

4 pommes de terre épluchées

1 oignon épluché

1 cube de bouillon de volaille

6 Kiri®

4 cuill. à soupe de croûtons

SOUPE DE COURGETTES AU KIRI®

4 personnes

10 MIN

10 MIN

1. Coupez les courgettes en dés. Coupez les pommes de terre et l'oignon.

2. Déposez les légumes dans la cuve du Cookeo, couvrez d'eau et ajoutez le cube de bouillon de volaille. Salez et poivrez. Sélectionnez le mode **Manuel**, puis **Cuisson rapide** pour 10 minutes.

3. Transvasez la préparation dans le bol d'un blender avec 4 Kiri® et mixez (ajoutez un peu d'eau si nécessaire). Versez dans des assiettes et servez avec des croûtons et des morceaux des Kiri® restants.

ingrédients

500 g de champignons de Paris

2 oignons épluchés

1 cube de bouillon de volaille

1 noix de beurre

1 cuill. à café de sucre en poudre

4 cuill. à soupe de crème fraîche

VELOUTÉ DE CHAMPIGNONS AUX OIGNONS

4 personnes

10 MIN

20 MIN

1. Coupez les champignons en morceaux. Émincez les oignons. Déposez les champignons et la moitié des oignons dans la cuve du Cookeo. Ajoutez 300 ml d'eau et le cube de bouillon de volaille. Salez et poivrez. Sélectionnez le mode **Manuel**, puis **Cuisson rapide** pour 10 minutes.

2. Versez la préparation dans le bol d'un blender et mixez (ajoutez un peu d'eau si nécessaire). Réservez.

3. Rincez la cuve. Sélectionnez le mode **Manuel**, puis **Dorer**. Pendant le préchauffage, déposez le beurre dans la cuve. Ajoutez l'oignon et le sucre restants. Faites cuire 10 minutes sans cesser de remuer.

4. Versez la soupe dans des bols. Ajoutez de la crème ainsi que les oignons caramélisés.

ingrédients

500 g de carottes épluchées

1 oignon épluché

1 cube de bouillon
de volaille

Le jus de 1 orange

30 ml de crème liquide

5 brins de ciboulette

VELOUTÉ DE CAROTTES À L'ORANGE

4 personnes

15 MIN

10 MIN

1. Coupez les carottes et l'oignon. Déposez-les dans la cuve du Cookeo, ajoutez le cube de bouillon de volaille et le jus d'orange, puis couvrez d'eau. Sélectionnez le mode **Manuel**, puis **Cuisson rapide** pour 10 minutes.

2. Versez la préparation dans le bol d'un blender et mixez (ajoutez un peu d'eau si nécessaire).

3. Versez dans les assiettes, ajoutez un filet de crème liquide et parsemez de ciboulette ciselée.

ingrédients

150 g de pommes de terre épluchées

1 oignon épluché

250 g de radis roses

1 filet d'huile d'olive

1 cube de bouillon de volaille

100 ml de crème liquide

VELOUTÉ DE RADIS ROSES

4 personnes

15 MIN

10 MIN

1. Coupez les pommes de terre et l'oignon en morceaux. Lavez et équeutez les radis, puis coupez-les.

2. Déposez le tout dans la cuve du Cookeo (en ayant réservé une vingtaine de rondelles de radis pour le service) avec l'huile d'olive, puis ajoutez le cube de bouillon de volaille. Salez et poivrez et couvrez d'eau à hauteur. Sélectionnez le mode **Manuel**, puis **Cuisson rapide** pour 10 minutes.

3. Versez la préparation dans le bol d'un blender et mixez (ajoutez un peu d'eau si nécessaire).

4. Transvasez le velouté dans des mugs. Arrosez le dessus de crème sans mélanger. Terminez par quelques rondelles de radis et un tour de moulin à poivre.

VELOUTÉ DE CHOU-FLEUR, BACON ET NOISETTES

4 personnes

15 MIN

15 MIN

ingrédients

1 chou-fleur

2 pommes de terre épluchées

1 cube de bouillon de légumes

½ cuill. à café de noix de muscade

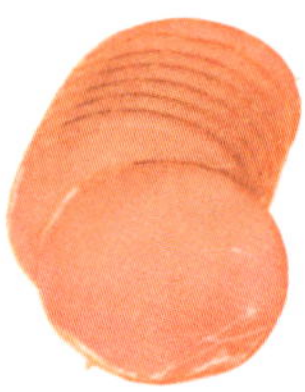

4 tranches de bacon

30 g de noisettes

1. Coupez le chou-fleur en morceaux. Coupez les pommes de terre en dés.

2. Placez le tout dans la cuve du Cookeo, couvrez d'eau et ajoutez le cube de bouillon de légumes. Salez et poivrez. Sélectionnez le mode **Manuel**, puis **Cuisson rapide** pour 10 minutes.

3. Transvasez la préparation dans le bol d'un blender et mixez (ajoutez un peu d'eau si nécessaire).

4. Faites revenir le bacon dans une poêle bien chaude et coupez-le en tranches. Versez le velouté dans des bols, puis parsemez des morceaux de bacon et des noisettes concassées.

Viandes et volailles

COURGETTES FARCIES ET TOMATES

4 personnes

20 MIN

16 MIN

ingrédients

2 gousses d'ail épluchées

1 oignon épluché

300 g de chair à saucisse

10 brins de persil
+ quelques brins pour servir

4 courgettes rondes
1 filet d'huile d'olive

450 g de tomates pelées

1. Émincez l'ail et l'oignon. Mélangez la moitié avec la chair à saucisse (conservez l'autre moitié), puis incorporez le persil ciselé. Coupez le haut des courgettes et videz-les grossièrement de leur chair. Farcissez-les de viande et refermez-les avec les chapeaux.

2. Sélectionnez le mode **Manuel** du Cookeo, puis **Dorer**. Versez l'huile d'olive dans la cuve. Faites revenir l'ail et l'oignon restants 3 minutes.

3. Ajoutez les tomates pelées. Salez et poivrez, puis prolongez la cuisson de 3 minutes sans cesser de mélanger.

4. Placez les courgettes dans la cuve et passez en mode **Cuisson rapide** pour 10 minutes. Rectifiez l'assaisonnement avant de servir et parsemez de persil frais ciselé.

ingrédients

1 oignon

100 g de chorizo

1 poivron jaune

300 g de riz blanc

100 g de petits pois surgelés

1 sachet de mélange pour paëlla

Quelques brins de persil ciselés

RIZ FAÇON PAËLLA AU CHORIZO

4 personnes

15 MIN

15 MIN

1. Épluchez et émincez l'oignon. Coupez le chorizo en rondelles et le poivron jaune en dés.

2. Sélectionnez le mode **Manuel** du Cookeo, puis **Dorer** et laissez préchauffer. Ajoutez l'oignon, le poivron et le chorizo, puis faites cuire 5 minutes sans cesser de mélanger.

3. Ajoutez le riz, les petits pois et le sachet de mélange pour paëlla. Sélectionnez la fonction **Riz blanc** dans le menu **Ingrédients**. Couvrez d'eau et laissez cuire le temps indiqué (9 minutes). Après cuisson, mélangez, puis salez et poivrez. Parsemez de persil ciselé.

ingrédients

1 oignon

200 g de champignons de Paris

5 grosses pommes de terre

500 g de sauté de porc

150 g de lardons

5 brins de ciboulette

SAUTÉ DE PORC AUX CHAMPIGNONS ET POMMES DE TERRE

4 personnes

15 MIN

15 MIN

1. Émincez l'oignon. Coupez les champignons en tranches. Épluchez et coupez les pommes de terre en morceaux. Tranchez le sauté de porc.

2. Sélectionnez le mode **Manuel** du Cookeo, puis **Dorer**. Faites revenir les lardons, l'oignon, les champignons, le porc et les pommes de terre 10 minutes.

3. Versez 100 ml d'eau et passez en mode **Cuisson rapide** pour 5 minutes. Salez, poivrez et parsemez de ciboulette ciselée.

ingrédients

500 g de sauté de porc

1 gousse d'ail

2 cuill. à soupe d'huile d'olive

2 cuill. à soupe de miel

1 cuill. à soupe de mélange quatre-épices

200 g de riz blanc

quatre poignées de pousses d'épinards pour servir

SAUTÉ DE PORC ÉPICÉ AU MIEL

4 personnes

15 MIN

22 MIN

1. Coupez le sauté de porc en morceaux. Épluchez et écrasez l'ail.

2. Sélectionnez le mode **Manuel** du Cookeo, puis **Dorer**. Versez l'huile d'olive et laissez préchauffer. Ajoutez l'ail et le porc. Faites cuire 5 minutes en remuant. Incorporez le miel et laissez chauffer 2 minutes.

3. Versez 200 ml d'eau et le mélange quatre-épices. Passez en mode **Cuisson rapide** pour 15 minutes. Si la sauce est trop liquide, repassez en mode **Dorer** et prolongez la cuisson jusqu'à obtention de la consistance souhaitée.

4. Servez avec le riz blanc que vous aurez cuit suivant les recommandations du Cookeo ainsi qu'avec une poignée de pousses d'épinard par personne.

ingrédients

300 g de boulgour
1 filet d'huile d'olive

1 oignon emincé
5 gousses d'ail

1 rôti de porc

20 tomates cerises

1 cuill. à soupe
de fond de veau

Quelques brins
de persil plat

RÔTI DE PORC AU BOULGOUR ET TOMATE

4 personnes

15 MIN

42 MIN

1. Sélectionnez le mode **Manuel** du Cookeo, puis **Cuisson rapide**. Versez le boulgour dans la cuve et couvrez d'eau à hauteur. Faites cuire 7 minutes et réservez au chaud.

2. Lavez la cuve. Sélectionnez le mode **Manuel**, puis **Dorer**. Versez l'huile d'olive dans la cuve et faites revenir l'oignon et l'ail en chemise 3 minutes sans cesser de mélanger. Ajoutez le rôti de porc et faites-le revenir 2 minutes en le retournant régulièrement.

3. Passez en mode **Cuisson rapide**, ajoutez 250 ml d'eau, les tomates cerises et le fond de veau. Salez, poivrez et faites cuire 30 minutes. Servez avec le boulgour et du persil plat ciselé.

ingrédients

6 grosses pommes de terre

1 noix de beurre

1 oignon

2 carottes

150 g de champignons de Paris

100 g de lardons

500 g de bœuf à braiser en morceaux

1 cuill. à soupe de farine

100 ml de vin rouge

1 cube de bouillon de volaille

persil haché

BŒUF BOURGUIGNON

6 personnes

30 MIN

1 H

1. Déposez les pommes de terre dans le panier vapeur. Versez 300 ml d'eau dans la cuve du Cookeo, installez le panier dans le robot et déposez les pommes de terre à l'intérieur. Sélectionnez le mode **Manuel** du Cookeo, puis **Cuisson Rapide** pour 12 minutes. Réservez.

2. Émincez l'oignon et coupez les carottes en rondelles. Tranchez les champignons de Paris.

3. Lavez la cuve du Cookeo et sélectionnez le mode **Manuel**, puis **Dorer**. Faites revenir l'oignon et les lardons 4 minutes en remuant régulièrement. Ajoutez la viande et la farine.

4. Lorsque c'est doré, ajoutez les légumes ainsi que 150 ml d'eau, le vin et le cube de bouillon de volaille. Salez et poivrez, puis passez en mode **Cuisson Rapide** pour 35 minutes.

5. Laissez le couvercle ouvert en fin de cuisson. Ajoutez les pommes de terre dans la cuve et repassez en mode **Dorer** pour 10 minutes jusqu'à ce que la sauce épaississe. Parsemez de persil haché au moment de servir.

ingrédients

1 oignon
1 gousse d'ail

250 g de bœuf haché
2 cuill. à soupe de farine
1 filet d'huile d'olive

480 g de tomates pelées
2 cuill. à soupe de vinaigre balsamique

300 g de spaghettis

Parmesan râpé

Quelques feuilles de basilic

SPAGHETTIS AUX BOULETTES DE BŒUF

4 personnes

15 MIN

16 MIN

1. Émincez l'oignon et l'ail. Réalisez des boulettes avec le bœuf haché, puis roulez-les dans la farine.

2. Sélectionnez le mode **Manuel** du Cookeo, puis **Dorer**. Versez l'huile d'olive dans la cuve. Faites revenir l'oignon et l'ail 3 minutes. Ajoutez les boulettes de bœuf et prolongez la cuisson de 3 minutes en remuant régulièrement.

3. Versez les tomates pelées et le vinaigre balsamique. Salez et poivrez. Passez en mode **Cuisson rapide** pour 10 minutes.

4. Pendant ce temps, faites cuire les spaghettis en suivant les instructions figurant sur l'emballage. Servez avec du parmesan râpé et des feuilles de basilic ciselées, pour encore plus de saveur.

ingrédients

500 g de bœuf à braiser en morceaux

1 oignon émincé

200 g de carottes

1 patate douce

250 g de tomates pelées

3 cuill. à soupe de beurre de cacahuètes

1 filet d'huile d'huile d'olive

70 g de concentré de tomates

1 gousse d'ail

MAFÉ DE BŒUF EXPRESS

4 personnes

15 MIN

40 MIN

1. Épluchez et coupez les carottes et la patate douce en morceaux. Diluez le jus des tomates pelées avec le beurre de cacahuètes. Mélangez bien.

2. Sélectionnez le mode **Manuel** du Cookeo, puis **Dorer**. Versez l'huile d'olive dans la cuve et faites revenir l'oignon et le bœuf 5 minutes.

3. Ajoutez les carottes, la patate douce, les tomates pelées, le mélange dilué, le concentré de tomates et l'ail préalablement écrasé. Passez en mode **Cuisson rapide** pour 35 minutes.

Astuce : *ajoutez un petit peu de piment pour un plat plus relevé !*

ingrédients

1 échalote

8 pilons de poulet
1 noix de beurre

250 g de châtaignes en bocal

4 cuill. à soupe de miel

1 cuill. à soupe de cannelle

200 ml de crème liquide
Quelques brins de persil plat

PILONS DE POULET AUX CHÂTAIGNES ET MIEL

4 personnes

10 MIN

23 MIN

1. Émincez l'échalote. Sélectionnez le mode **Manuel** du Cookeo, puis **Dorer**. Faites revenir l'échalote et les pilons de poulet 3 minutes dans le beurre en remuant régulièrement.

2. Ajoutez 200 ml d'eau, les châtaignes, le miel et la cannelle. Mélangez et passez en mode **Cuisson rapide** pour 20 minutes.

3. Incorporez la crème liquide, salez et poivrez. Servez aussitôt, parsemé de persil plat ciselé.

ingrédients

150 g de boulgour

1 filet d'huile d'olive

2 escalopes de dinde
200 ml de crème fraîche

2 cuill. à soupe de moutarde

80 g de petits pois surgelés

10 champignons de Paris

DINDE À LA MOUTARDE, PETITS POIS ET CHAMPIGNONS

2 personnes

10 MIN

17 MIN

1. Sélectionnez le mode **Manuel** du Cookeo, puis **Cuisson rapide**. Versez le boulgour dans la cuve et couvrez d'eau à hauteur. Faites cuire 7 minutes et réservez au chaud.

2. Lavez la cuve. Sélectionnez le mode **Manuel**, puis **Dorer**. Laissez préchauffer avec le filet d'huile d'olive et ajoutez les escalopes. Faites-les dorer 5 minutes en les retournant à mi-cuisson.

3. Ajoutez la crème fraîche, la moutarde, les petits pois et les champignons coupés en quatre. Salez et poivrez. Passez en mode **Cuisson rapide** pour 5 minutes. Servez avec le boulgour.

BLANQUETTE DE POULET

ingrédients

300 g de filet de poulet

1 oignon épluché

50 g de carotte épluchées

5 champignons de Paris
1 filet d'huile d'olive

10 g de farine

½ cube de bouillon de volaille

20 ml de crème fraîche

4 personnes

20 MIN

27 MIN

10 MIN

1. Coupez le poulet en morceaux. Émincez l'oignon et coupez les carottes en rondelles. Taillez les champignons en tranches.

2. Sélectionnez le mode **Manuel** du Cookeo, puis **Dorer**. Versez le filet d'huile d'olive et laissez préchauffer. Faites revenir l'oignon 3 minutes. Ajoutez le poulet et la farine. Faites dorer 4 minutes sans cesser de mélanger.

3. Versez 150 ml d'eau dans la cuve avec le demi-cube de bouillon de volaille, la carotte et les champignons. Salez et poivrez, puis passez en mode **Cuisson rapide** pour 20 minutes.

4. Ajoutez la crème fraîche et laissez reposer 10 minutes, couvercle ouvert. Mélangez avant de servir.

Conseil : *servez accompagné de riz.*

ingrédients

1 oignon épluché

1 gousse d'ail épluchée

1 filet d'huile d'olive

8 pilons de poulet

1 cuillère à café de ras el-hanout

2 citrons

10 abricots secs

TAJINE DE POULET AUX ABRICOTS ET AU CITRON

4 personnes

15 MIN

33 MIN

1. Émincez l'oignon et l'ail. Sélectionnez le mode **Manuel** du Cookeo, puis **Dorer**. Versez l'huile d'olive dans la cuve et faites revenir l'ail et l'oignon 3 minutes. Ajoutez les pilons de poulet et prolongez la cuisson de 7 minutes en les retournant régulièrement.

2. Versez 200 ml d'eau dans la cuve, le ras el-hanout, le jus de 1 citron, le deuxième citron coupé en quatre et les abricots secs coupés en deux. Mélangez, puis passez en mode **Cuisson rapide** pour 20 minutes.

3. Laissez le couvercle du robot ouvert et repassez en mode **Dorer** pour 3 minutes.

Conseil : *servez accompagné de riz ou de semoule de blé.*

POULET
À LA MEXICAINE

4 personnes

20 MIN

15 MIN

ingrédients

1 oignon rouge épluché

1 gousse d'ail épluchée

1 poivron rouge

4 filets de poulet

1 filet d'huile d'olive

2 cuill. à soupe d'épices mexicaines

1 petite boîte de haricots rouges

Le jus de 1 citron vert

4 cuill. à soupe de maïs

Galette de maïs et coriandre fraîche, pour servir

1. Émincez l'oignon rouge et l'ail. Coupez le poivron en lamelles. Taillez les filets de poulet en morceaux.

2. Sélectionnez le mode **Manuel** du Cookeo, puis **Dorer**. Versez l'huile d'olive. Faites revenir le poulet, le poivron et l'oignon 5 minutes sans cesser de mélanger.

3. Ajoutez 100 ml d'eau, les épices et les haricots rouges. Passez en mode **Cuisson rapide** pour 10 minutes. Salez et poivrez, puis ajoutez le jus de citron vert et le maïs. Servez avec des galettes de maïs et de la coriandre fraîche.

SAUTÉ DE DINDE À L'ANANAS

ingrédients

300 g de riz basmati

1 oignon épluché

4 filets de dinde

1 filet d'huile d'olive

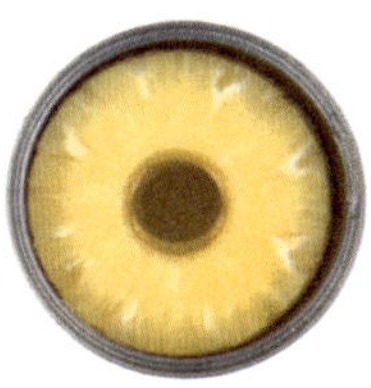

1 boîte d'ananas
en conserve

Quelques feuilles
de menthe

4 personnes

15 MIN

30 MIN

1. Faites cuire le riz en suivant les indications du Cookeo : sélectionnez le menu **Ingrédients**, puis **Riz et céréales** et enfin **Riz blanc**. Réservez. Lavez la cuve.

2. Émincez l'oignon. Coupez les filets de dinde et les rondelles d'ananas en morceaux (conservez le jus).

3. Versez l'huile d'olive dans la cuve. Sélectionnez le mode **Manuel**, puis **Dorer**. Faites revenir l'oignon 3 minutes. Ajoutez les morceaux de dinde et faites-les dorer 3 minutes sans cesser de mélanger.

4. Ajoutez l'ananas avec la moitié du jus. Salez et poivrez, puis passez en mode **Cuisson rapide** pour 15 minutes.

5. Laissez le couvercle ouvert 5 minutes avant de mélanger. Dégustez avec le riz basmati et quelques feuilles de menthe.

ingrédients

4 filets de poulet

6 cuill. à soupe de sauce teriyaki

1 gousse d'ail épluchée

200 g de riz basmati

1 cuill. à soupe d'huile de sésame

3 brins de coriandre

1 cuill. à soupe de graines de sésame

POULET TERIYAKI AU SÉSAME

4 personnes

10 MIN

1 H

17 MIN

1. Découpez les filets de poulet en morceaux. Déposez-les dans un plat avec la sauce teriyaki et la gousse d'ail écrasée. Salez et poivrez, puis couvrez de film alimentaire. Laissez reposer 1 heure au réfrigérateur.

2. Faites cuire le riz en suivant les indications du Cookeo : sélectionnez le menu **Ingrédients**, puis **Riz et céréales** et enfin **Riz blanc**. Laissez cuire 9 minutes, puis réservez-le au chaud dans un plat.

3. Lavez la cuve. Versez-y l'huile de sésame, le poulet et sa marinade. Sélectionnez le mode **Manuel**, puis **Dorer** pour 8 minutes en remuant très régulièrement. Servez avec le riz, parsemé de coriandre ciselée et de graines de sésame.

CURRY DE POULET AU LAIT DE COCO

4 personnes

15 MIN

1 H

17 MIN

ingrédients

1 oignon épluché

1 gousse d'ail épluchée

4 filets de poulet

1 cuill. à soupe d'huile d'olive + 1 filet

1 cuill. à soupe de curry en poudre

200 g de riz basmati

200 ml de lait de coco

Quelques brins de coriandre

1. Émincez l'oignon et la gousse d'ail. Coupez les filets de poulet en morceaux. Déposez le tout dans un récipient, ajoutez la cuillerée d'huile d'olive et le curry. Filmez et réservez 1 heure au réfrigérateur.

2. Faites cuire le riz en suivant les indications du Cookeo : sélectionnez le menu **Ingrédients**, puis **Riz et céréales** et enfin **Riz blanc**. Conservez au chaud.

3. Lavez la cuve. Sélectionnez le mode **Manuel**, puis **Dorer**. Versez le filet d'huile d'olive et laissez préchauffer, puis ajoutez la préparation au poulet. Faites cuire 8 minutes. Versez le lait de coco et mélangez bien. Salez et poivrez. Servez avec le riz et de la coriandre.

ingrédients

4 filets de dinde

1 cuill. à soupe de mélange quatre-épices

10 feuilles de menthe

2 filets d'huile d'olive

1 yaourt

250 g d'Ebly®

Le jus de 1 citron

KEFTAS DE DINDE, SAUCE YAOURT ET MENTHE

4 personnes

20 MIN

12 MIN

1. Découpez les filets de dinde en morceaux. Placez-les dans le bol d'un mixeur. Ajoutez le mélange quatre-épices, la moitié de la menthe, 1 filet d'huile d'olive, salez et poivrez, puis mixez le tout jusqu'à obtention d'une pâte. Réalisez les keftas en façonnant des cylindres de viande hachée. Plantez-y des bâtonnets en bois et réservez.

2. Sélectionnez le mode **Manuel** du Cookeo, puis **Dorer**. Versez 1 filet d'huile d'olive et laissez préchauffer. Déposez les brochettes dans la cuve et faites-les cuire 6 minutes en les retournant régulièrement. Mélangez le yaourt avec le reste de menthe ciselée et assaisonnez.

3. Lorsque les brochettes sont cuites, réservez-les dans du papier d'aluminium. Déposez l'Ebly® dans la cuve et couvrez d'eau à hauteur. Lancez le mode **Manuel**, puis **Cuisson rapide** pour 6 minutes. Servez le plat avec des quartiers de citron.

ingrédients

300 g de nouilles chinoises
1 oignon épluché

2 carottes épluchées

1 grosse courgette

3 filets de poulet

1 filet d'huile de sésame

5 cuill. à soupe de sauce soja sucrée

Graines de sésame et quelques brins de coriandre, pour servir

WOK DE NOUILLES AU POULET

4 personnes

20 MIN

18 MIN
(+ le temps de cuisson des nouilles)

1. Faites cuire les nouilles dans de l'eau bouillante en suivant les instructions figurant sur l'emballage. Émincez l'oignon. Coupez les carottes en lamelles. Coupez la courgette en bâtonnets. Taillez les filets de poulet en lamelles.

2. Sélectionnez le mode **Manuel** du Cookeo, puis **Dorer**. Versez l'huile de sésame et la sauce soja dans la cuve. Faites revenir le poulet et l'oignon 3 minutes.

3. Ajoutez les légumes et 100 ml d'eau, puis passez en mode **Cuisson rapide** pour 5 minutes.

4. Ouvrez le robot, salez, poivrez et prolongez la cuisson de 10 minutes en mode **Dorer**. Servez avec des graines de sésame et de la coriandre ciselée.

SALADE DE LENTILLES AU BACON ET ŒUFS MOLLETS

4 personnes

10 MIN

30 MIN

2 H

ingrédients

1 oignon émincé

1 filet d'huile d'olive + 4 cuill. à soupe

150 g d'allumettes de bacon

300 g de lentilles

½ cube de bouillon de volaille

3 cuill. à soupe de vinaigre balsamique

4 œufs

3 brins de persil plat

1. Sélectionnez le mode **Manuel** du Cookeo, puis **Dorer**. Versez un filet d'huile d'olive dans la cuve. Faites revenir l'oignon et les allumettes de bacon 4 minutes. Ajoutez les lentilles, 600 ml d'eau et le demi-cube de bouillon de volaille. Passez en mode **Cuisson rapide** pour 20 minutes. Laissez refroidir 2 heures à température ambiante.

2. Réalisez une vinaigrette avec l'huile d'olive et le vinaigre balsamique. Salez et poivrez, puis mélangez avec les lentilles.

3. Faites bouillir un grand volume d'eau salée et plongez-y les oeufs délicatement. Faites-les cuire 6 minutes. Transvasez- les dans un récipient d'eau fraîche afin de stopper la cuisson. Écalez-les, puis disposez-les sur la salade de lentilles. Parsemez de persil plat ciselé.

FUSILLI AU BROCOLI
ET BACON

6 personnes

15 MIN

10 MIN
(+ le temps de cuisson des pâtes)

ingrédients

Les têtes de 1 brocoli

30 ml d'huile d'olive

200 ml de crème liquide

300 g de fusilli

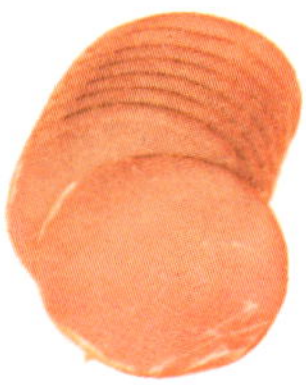

80 g de bacon

Parmesan

1. Coupez les têtes du brocoli. Versez 200 ml d'eau dans la cuve du Cookeo, installez le panier vapeur et déposez les têtes de brocoli à l'intérieur. Sélectionnez le mode **Manuel**, puis **Cuisson rapide** pour 5 minutes.

2. Dans un saladier, mélangez les têtes de brocoli, l'huile d'olive et la crème liquide. Mixez au mixeur plongeant. Salez et poivrez.

3. Faites cuire les pâtes en suivant les instructions figurant sur l'emballage.

4. Faites revenir les tranches de bacon 5 minutes à la poêle, puis coupez-les en lamelles. Mélangez les pâtes avec la sauce et parsemez de lamelles de bacon. Servez avec du parmesan.

ingrédients

1 oignon

500 g de pois cassés

1 cube de bouillon de volaille

4 tranches de pain

12 chipolatas

20 ml d'huile d'olive

PURÉE DE POIS CASSÉS ET CHIPOLATAS GRILLÉES

6 personnes

20 MIN

27 MIN

1. Épluchez et émincez l'oignon. Mettez-le dans la cuve du Cookeo. Ajoutez les pois cassés, le cube de bouillon de volaille et 1 l d'eau. Sélectionnez le mode **Manuel** du Cookeo, puis **Cuisson rapide** pour 17 minutes.

2. Pendant ce temps, faites griller le pain jusqu'à ce qu'il soit bien dur mais pas brûlé. Laissez-le refroidir, puis émiettez-le en tout petits morceaux. Réservez.

3. Piquez les chipolatas et faites-les cuire 10 minutes environ à la poêle.

4. Lorsque les pois cassés sont cuits, ajoutez l'huile d'olive dans la cuve et mélangez. Salez et poivrez. Servez la purée avec les chipolatas et les brisures de pain grillé.

PURÉE DE POMMES DE TERRE CAMEMBERT-LARDONS

4 personnes

30 MIN

20 MIN

ingrédients

800 g de pommes de terre

150 g de lardons

½ camembert

50 ml de lait

50 ml de crème liquide

30 g de beurre

1. Épluchez et coupez les pommes de terre en rondelles. Versez 200 ml d'eau dans la cuve du Cookeo, installez le panier vapeur et déposez les pommes de terre à l'intérieur. Sélectionnez le mode **Manuel**, puis **Cuisson rapide** pour 14 minutes. Réservez.

2. Lavez la cuve. Sélectionnez le mode **Dorer**. Faites revenir les lardons 4 minutes dans la cuve.

3. Coupez le demi-camembert en morceaux et déposez-les dans une casserole avec le lait, la crème liquide et le beurre. Faites chauffer jusqu'à obtention d'une préparation homogène. Versez sur les pommes de terre et écrasez le tout au presse-purée. Salez et poivrez. Déposez les lardons sur la purée et servez.

ingrédients

½ oignon

250 g de pommes de terre

100 g de lardons

150 ml de lait

150 ml de crème liquide

4 cuill. à soupe de cancoillotte

GRATIN DAUPHINOIS, CANCOILLOTTE ET LARDONS

4 personnes

15 MIN

20 MIN

1. Émincez le demi-oignon. Épluchez et coupez les pommes de terre en rondelles.

2. Sélectionnez le mode **Manuel** du Cookeo, puis **Dorer** et laissez préchauffer. Ajoutez les lardons et l'oignon. Faites cuire 5 minutes en remuant régulièrement.

3. Mélangez le lait et la crème dans un récipient. Salez et poivrez. Ajoutez les pommes de terre dans la cuve, mélangez, puis versez le tout dans un moule de 20 cm de diamètre. Couvrez du mélange lait-crème.

4. Lavez la cuve. Versez 200 ml d'eau à l'intérieur et installez le panier vapeur. Placez le moule à l'intérieur. Sélectionnez le mode **Manuel**, puis **Cuisson rapide** pour 10 minutes.

5. Arrosez le gratin de la cancoillotte et faites cuire 5 minutes sous le gril du four.

GRATIN D'ENDIVES
AU JAMBON

4 personnes

20 MIN

1 H

ingrédients

4 endives

40 g de beurre doux
40 g de farine

½ litre de lait

2 pincées de noix de muscade

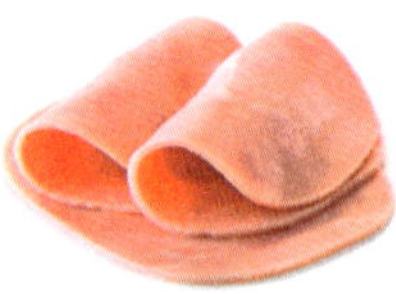

4 tranches de jambon

80 g de gruyère râpé

1. Choisissez le menu **Ingrédients** du Cookeo, puis **Légumes et fruits** et enfin **Endives**. Sélectionnez **4 portions**. Versez 200 ml d'eau dans la cuve, installez le panier vapeur après y avoir déposé les endives et faites-les cuire 20 minutes. Laissez-les refroidir dans une passoire en les égouttant au maximum.

2. Préparez la béchamel. Lavez la cuve. Sélectionnez le mode **Manuel**, puis **Dorer**. Placez le beurre dans la cuve. Ajoutez la farine et mélangez avec une spatule en bois. Lorsque la farine a légèrement doré, versez le lait et la noix de muscade. Mélangez jusqu'à ce que la crème épaississe. Salez, poivrez et réservez dans un récipient.

3. Enroulez les endives dans les tranches de jambon et disposez-les dans un plat à gratin. Recouvrez de béchamel, salez et poivrez, puis parsemez de gruyère râpé. Enfournez à 180 °C pour 30 minutes.

CROQUE-MONSIEUR À LA BÉCHAMEL

4 personnes

10 MIN

10 À 15 MIN

ingrédients

50 g de beurre doux
+ un peu pour tartiner

40 g de farine

400 ml de lait

8 tranches de pain de mie

4 tranches de jambon blanc

150 g de gruyère râpé

2 pincées de noix de muscade

1. Préparez la béchamel. Coupez 40 g de beurre en morceaux. Sélectionnez le mode **Manuel** du Cookeo, puis **Dorer**. Déposez le beurre dans la cuve. Ajoutez la farine et mélangez avec une spatule en bois. Lorsque la farine a légèrement doré, versez le lait et la noix de muscade. Mélangez jusqu'à ce que la crème épaississe. Salez, poivrez et réservez dans un récipient.

2. Écroûtez les tranches de pain de mie et tartinez-les du beurre restant. Répartissez les tranches de jambon et le gruyère râpé (réservez-en un peu), puis refermez les sandwichs.

3. Déposez plusieurs cuillérées à soupe de béchamel sur les croque-monsieur, parsemez-les de gruyère et passez-les 5 minutes sous le gril du four.

Poissons et fruits de mer

ingrédients

120 g de riz basmati

8 cuill. à soupe de maïs

8 bâtonnets de surimi

8 crevettes cuites

1 mangue

6 feuilles de menthe

Le jus de 1 citron

4 cuill. à soupe d'huile d'olive

BOWL HAWAÏEN

2 personnes

10 MIN

9 MIN

1. Faites cuire le riz en suivant les indications du Cookeo : sélectionnez le menu **Ingrédients**, puis **Riz et céréales** et enfin **Riz blanc**. Laissez complètement refroidir.

2. Répartissez le riz dans 2 bols, puis ajoutez le maïs, les bâtonnets de surimi coupés en rondelles et les crevettes. Salez et poivrez.

3. Pelez et coupez la mangue en tranches. Déposez-les dans les bols pour former des éventails. Ciselez la menthe par-dessus, puis assaisonnez avec le mélange jus de citron et huile d'olive.

ingrédients

250 g d'Ebly®

5 carottes

2 courgettes
1 filet d'huile d'olive
+ 4 cuill. à soupe

Le jus de 1 citron

1 petite boîte de thon

Quelques brins
de coriandre

SALADE DE BLÉ AUX LÉGUMES ET THON

4 personnes

10 MIN

19 MIN

1. Déposez l'Ebly® dans la cuve du Cookeo et couvrez d'eau à hauteur. Sélectionnez le mode **Manuel**, puis **Cuisson rapide** pour 6 minutes. Laissez complètement refroidir.

2. Lavez la cuve. Épluchez et coupez les carottes et les courgettes en petits dés. Déposez-les dans le panier vapeur et versez 200 ml d'eau dans la cuve. Sélectionnez le mode **Manuel**, puis **Cuisson rapide** pour 8 minutes.

3. Lancez la fonction **Dorer**. Versez un filet d'huile d'olive, puis faites revenir les légumes cuits 5 minutes sans cesser de mélanger. Mélangez-les au blé refroidi, avec l'huile d'olive et le citron. Salez et poivrez, puis parsemez de thon émietté et de coriandre ciselée.

ingrédients

1 oignon

1 gousse d'ail

1 filet d'huile d'olive

240 g de tomates pelées

10 feuilles de basilic
+ quelques feuilles pour servir

250 g de rigatoni

1 petite boîte de thon

ONE POT PASTA
TOMATE ET THON

4 personnes

10 MIN

10 MIN

1. Épluchez et émincez l'oignon. Pelez et écrasez la gousse d'ail.

2. Sélectionnez le mode **Manuel** du Cookeo, puis **Dorer**. Versez l'huile d'olive et laissez préchauffer. Faites revenir l'oignon et l'ail 4 minutes sans cesser de mélanger. Ajoutez les tomates pelées, le basilic ciselé, 350 ml d'eau et les pâtes. Salez et poivrez, puis mélangez.

3. Passez en mode **Cuisson rapide** pour 6 minutes (prolongez la cuisson en mode **Dorer** si la sauce n'est pas assez épaisse). Servez avec le thon émietté et des feuilles de basilic.

ingrédients

4 filets de colin décongelés

600 g de pommes de terre épluchées

30 g de beurre doux
100 g de farine

2 œufs

150 g de chapelure

30 ml d'huile d'olive
1 citron vert

FISH AND CHIPS DE COLIN

4 personnes

30 MIN

12 H

24 MIN

1. Coupez les pommes de terre en morceaux. Sélectionnez le mode **Manuel** du Cookeo, puis **Dorer**. Faites dorer les pommes de terre avec le beurre 10 minutes en remuant régulièrement. Salez et poivrez, puis ajoutez 100 ml d'eau. Passez en mode **Cuisson rapide** pour 10 minutes.

2. Versez la farine dans une assiette creuse, les œufs préalablement battus dans une deuxième et la chapelure dans une troisième. Passez les filets de poisson consécutivement dans la farine, dans les œufs et dans la chapelure. Répétez les deux dernières étapes (œufs et chapelure) deux fois.

3. Lorsque les pommes de terre sont cuites, réservez-les au chaud. Versez l'huile d'olive dans la cuve. Sélectionnez le mode **Manuel**, puis **Dorer**. Faites frire les filets de poisson 2 minutes de chaque côté. Salez et poivrez. Servez avec les pommes de terre sautées et du citron.

ingrédients

4 pommes de terre
de terre épluchées

8 carottes épluchées

30 g de beurre

400 g de dos de cabillaud
décongelé

5 tiges de persil plat

1 échalote épluchée

Le jus de 1 citron vert
40 g de fromage râpé

HACHIS PARMENTIER AU CABILLAUD

4 personnes

30 MIN

25 MIN

1. Coupez le poisson, les carottes et les pommes de terre en morceaux. Ciselez le persil plat. Émincez l'échalote.

2. Versez 200 ml d'eau dans la cuve du Cookeo, installez le panier vapeur et déposez les carottes et les pommes de terre à l'intérieur. Sélectionnez le mode **Manuel**, puis **Cuisson rapide** pour 10 minutes. Écrasez à la fourchette en ajoutant une noix de beurre, puis salez et poivrez. Réservez.

3. Lavez la cuve. Passez en mode **Dorer**. Déposez une grosse noix de beurre dans la cuve et laissez-le fondre complètement. Faites revenir le poisson, le persil plat, l'échalote et le jus de citron 5 minutes en mélangeant bien. Versez la préparation dans un plat à gratin. Recouvrez de purée et parsemez de petits morceaux de beurre et de fromage râpé. Passez 10 minutes sous le gril du four avant de servir.

ingrédients

1 oignon

1 boîte de sardines à l'huile

200 ml de crème liquide

300 g de penne

Quelques brins de persil plat

PENNE AUX SARDINES

4 personnes

10 MINUTES

6 MINUTES

(+ le temps de cuisson des pâtes)

1. Épluchez et émincez l'oignon. Égouttez les sardines en conservant 1 cuillerée à soupe d'huile.

2. Sélectionnez le mode **Manuel** du Cookeo, puis **Dorer**. Faites cuire l'oignon 3 minutes dans la cuillerée d'huile sans cesser de remuer. Ajoutez les sardines coupées en morceaux. Poivrez et versez la crème liquide. Mélangez bien et faites cuire 3 minutes. Réservez.

3. Faites cuire les pâtes en suivant les instructions figurant sur l'emballage. Servez-les avec la sauce, parsemées de persil plat ciselé.

ingrédients

3 blancs de poireau

1 oignon épluché

1 filet d'huile d'olive

2 cuill. à soupe de crème fraîche

2 pavés de saumon

1 pâte feuilletée

1 œuf

Quelques pluches d'aneth

FEUILLETÉ À LA FONDUE DE POIREAUX ET SAUMON

4 personnes

20 MIN

45 MIN

1. Coupez les poireaux en rondelles. Émincez l'oignon.

2. Sélectionnez le mode **Manuel** du Cookeo, puis **Dorer**. Versez l'huile d'olive dans la cuve. Faites revenir l'oignon et les poireaux 5 minutes en mélangeant régulièrement. Versez 100 ml d'eau et passez en mode **Cuisson rapide** pour 5 minutes. Ajoutez la crème fraîche, salez, poivrez et mélangez.

3. Préchauffez le four à 180 °C. Disposez les pavés de saumon au centre de la pâte feuilletée, l'un à côté de l'autre. Versez la fondue de poireaux par-dessus et autour des portions en formant un rectangle. Coupez des bandes de pâte de taille identique de part et d'autre de la partie centrale. Rabattez les parties supérieures et inférieures sur la garniture, puis rabattez les bandes de pâte en les croisant. Soudez-les bien entre elles et ajoutez un petit peu d'eau pour maintenir le tout si nécessaire. Badigeonnez la tresse d'œuf battu et enfournez pour 35 minutes. Parsemez d'aneth avant de servir.

Plats végétariens

ingrédients

5 carottes épluchées

1 grosse patate douce épluchée

200 de quinoa

2 cuill. à soupe de ras el-hanout

1 cuill. à soupe d'eau de fleur d'oranger

4 brins de coriandre

BOUILLON AUX PATATES DOUCES, CAROTTES ET QUINOA

4 personnes

10 MIN

10 MIN

1. Coupez les carottes et la patate douce en morceaux.

2. Déposez-les dans la cuve du Cookeo avec le quinoa, 750 ml d'eau, le ras el-hanout et l'eau de fleur d'oranger. Sélectionnez le mode **Manuel**, puis **Cuisson rapide** pour 10 minutes.

3. Salez, poivrez et parsemez de coriandre ciselée avant de servir.

ingrédients

200 g de blancs de poireau

1 oignon épluché

10 g de beurre

3 œufs

500 ml de lait

100 g de farine

QUICHE SANS PÂTE AUX POIREAUX ET OIGNONS

4 personnes

15 MIN

48 MIN

1. Préchauffez le four à 210 °C. Coupez les blancs de poireau en rondelles. Émincez l'oignon.

2. Sélectionnez le mode **Manuel** du Cookeo, puis **Dorer**. Faites revenir les oignons et les poireaux 8 minutes dans le beurre en mélangeant régulièrement.

3. Battez les œufs dans un récipient. Incorporez le lait et la farine. Salez et poivrez, puis ajoutez les légumes. Mélangez. Versez le tout dans un moule à tarte tapissé de papier sulfurisé et enfournez pour 40 minutes. Laissez tiédir avant de servir.

ingrédients

650 g de pommes de terre épluchées

150 g de petits pois surgelés

1 oeuf + 1 jaune

250 g de crème fraîche

20 brins de ciboulette

2 pâtes brisées

TOURTE AUX POMMES DE TERRE ET PETITS POIS

4 personnes

40 MIN

1 H

1. Coupez les pommes de terre en rondelles. Déposez-les avec les petits pois dans le panier vapeur. Sélectionnez le menu **Ingrédients** du Cookeo, puis **Fruits et légumes,** et enfin **Pommes de terre en morceaux.** Versez 200 ml d'eau dans la cuve et installez le panier vapeur. Laissez cuire 14 minutes.

2. Battez l'œuf avec la crème et ciselez la ciboulette par-dessus. Salez et poivrez, puis réservez. Préchauffez le four à 180 °C et foncez une pâte brisée dans un moule à tarte. Lorsque les pommes de terre et les petits pois sont cuits, disposez la moitié sur la pâte et versez-y la moitié du mélange à la crème. Recouvrez avec les légumes restants et la crème. Tassez bien le tout avec le dos d'une cuillère et poivrez. Recouvrez l'ensemble avec la seconde pâte brisée et soudez bien les bords en formant un boudin.

3. Réalisez un petit trou au centre de la tourte et glissez-y une petite cheminée réalisée avec du papier d'aluminium. Badigeonnez de jaune d'œuf et enfournez pour 45 minutes.

ingrédients

2 cuill. à soupe de raisins secs

300 g d'Ebly®

1 poivron rouge

½ concombre pelé

10 feuilles de menthe

Le jus de ½ citron

4 cuill. à soupe d'huile d'olive

TABOULÉ D'EBLY®

4 personnes

10 MIN

12 MIN

1. Faites tremper les raisins secs dans un verre d'eau. Coupez le poivron en petits dés. Coupez le concombre en petits dés.

2. Déposez l'Ebly® dans la cuve du Cookeo et couvrez d'eau à hauteur. Sélectionnez le mode **Manuel**, puis **Cuisson rapide** pour 6 minutes. Laissez complètement refroidir.

2. Lavez la cuve et lancez la fonction **Dorer**. Faites revenir les poivrons 3 minutes dans l'huile d'olive. Ajoutez un fond d'eau et passez en mode **Cuisson rapide** pour 3 minutes. Laissez refroidir.

3. Mélangez les dés de concombre avec le blé, le poivron et les raisins secs égouttés. Ciselez la menthe par-dessus. Mélangez le jus de citron et l'huile d'olive, salez, poivrez, puis versez sur le taboulé. Servez bien frais.

ingrédients

8 tomates

1 oignon épluché

1 gousse d'ail épluchée
1 filet d'huile d'olive
1 cuill. à café de sucre

10 feuilles de basilic

4 cuill. à soupe de farine

4 cuill. à soupe de parmesan râpé
120 g de beurre
4 cuill. à soupe de chapelure

CRUMBLE DE TOMATES AU PARMESAN

4 personnes

30 MIN

18 MIN

1. Plongez les tomates 30 secondes dans l'eau bouillante. Ôtez la peau à l'aide d'un petit couteau, puis découpez-les en morceaux. Émincez l'oignon. Écrasez l'ail.

2. Sélectionnez le mode **Manuel** du Cookeo, puis **Dorer**. Versez un filet d'huile d'olive dans la cuve et faites revenir l'oignon 2 minutes. Ajoutez l'ail écrasé, les tomates et le sucre. Ciselez le basilic par-dessus, puis salez et poivrez. Faites cuire 8 minutes en mélangeant régulièrement. Versez la préparation dans un petit plat à gratin.

3. Préchauffez le four à 180 °C. Versez la farine, le parmesan râpé, le beurre et la chapelure et mélangez du bout des doigts afin d'obtenir une pâte sablée. Répartissez sur les tomates et enfournez pour 10 minutes.

ingrédients

½ oignon rouge épluché

1 poivron rouge

1 gousse d'ail épluchée
1 filet d'huile d'olive

300 g de boulgour

1 pointe de couteau
de purée de piments

2 cuill. à soupe de concentré
de tomates
3 brins de persil plat

BOULGOUR À LA TOMATE ET AU POIVRON

4 personnes

10 MIN

15 MIN

1. Émincez le demi-oignon. Coupez le poivron rouge en lamelles. Écrasez l'ail.

2. Sélectionnez le mode **Manuel** du Cookeo, puis **Dorer**. Versez l'huile d'olive dans la cuve et laissez préchauffer. Faites revenir l'oignon, le poivron et l'ail 6 minutes. Mélangez bien.

3. Ajoutez le boulgour, la purée de piments et le concentré de tomates. Couvrez d'eau à hauteur. Passez en mode **Cuisson rapide** pour 7 minutes.

4. Mélangez, puis salez et poivrez. Prolongez la cuisson de 2 minutes en mode **Dorer**, sans cesser de mélanger. Servez parsemé de feuilles de persil plat.

RISOTTO AUX ÉPINARDS ET COURGE BUTTERNUT

ingrédients

450 g de chair de courge butternut

1 échalote épluchée

1 filet d'huile d'olive

150 g de riz rond

1 cuill. à soupe de vinaigre balsamique

½ cube de bouillon de volaille

2 poignées d'épinards frais

20 g de parmesan râpé

2 personnes

20 MIN

15 MIN

1. Coupez la chair de courge en petits dés. Émincez l'échalote.

2. Sélectionnez le mode **Manuel** du Cookeo, puis **Dorer**. Versez l'huile d'olive dans la cuve. Faites revenir l'échalote 3 minutes sans cesser de remuer.

3. Ajoutez le riz et mélangez jusqu'à ce que ce dernier devienne translucide. Versez le vinaigre balsamique, laissez-le s'évaporer 1 minute, puis ajoutez 350 ml d'eau, le demi-cube de bouillon de volaille, la courge et les épinards.

4. Passez en mode **Cuisson rapide** pour 10 minutes. Ajoutez le parmesan, salez, poivrez et mélangez bien.

ingrédients

1 oignon épluché

300 g de champignons de Paris

1 filet d'huile d'olive

300 g d'Ebly®

1 cube de bouillon de volaille

200 ml de crème liquide

30 g de parmesan râpé

RISOTTO DE BLÉ
AUX CHAMPIGNONS

4 personnes

30 MIN

13 MIN

1. Émincez l'oignon. Coupez les champignons en tranches.

2. Sélectionnez le mode **Manuel** du Cookeo, puis **Dorer**. Versez l'huile d'olive dans la cuve. Faites revenir l'oignon 3 minutes.

3. Ajoutez l'Ebly®, les champignons, 700 ml d'eau et le cube de bouillon de volaille. Passez en mode **Cuisson rapide** pour 10 minutes. Ajoutez la crème liquide et le parmesan râpé, puis salez et poivrez.

ingrédients

1 oignon épluché
1 filet d'huile d'olive

300 g de lentilles corail

1 cuill. à café de gingembre en poudre

2 cuill. à soupe de curry en poudre

240 g de tomates pelées
½ cube de bouillon de volaille

80 ml de lait de coco + 20 ml pour servir
Quelques brins de coriandre

DAHL DE LENTILLES

4 personnes

10 MIN

43 MIN

1. Émincez l'oignon.

2. Sélectionnez le mode **Manuel** du Cookeo, puis **Dorer**. Faites revenir l'oignon 3 minutes dans l'huile d'olive en mélangeant.

3. Ajoutez 350 ml d'eau et tous les ingrédients – sauf le lait de coco et la coriandre – dans la cuve. Passez en mode **Cuisson rapide** et prolongez la cuisson de 40 minutes. Mélangez bien, puis salez et poivrez. Servez avec le lait de coco et la coriandre.

ingrédients

100 g de mozzarella

100 g de parmesan

100 g de comté

400 g de penne

200 g de crème fraîche

ONE POT PASTA AUX TROIS FROMAGES

4 personnes

5 MIN

5 MIN

1. Coupez les fromages en morceaux et déposez-les dans la cuve du Cookeo.

2. Ajoutez 400 ml d'eau, les pâtes et la crème fraîche. Salez, poivrez et mélangez. Sélectionnez le mode **Manuel**, puis **Cuisson rapide** pour 5 minutes.

3. Mélangez rapidement après cuisson et dégustez aussitôt.

Desserts

ingrédients

4 œufs

100 g de sucre

200 g de chocolat au lait à pâtisser

130 g de beurre

100 g de farine

Cacao en poudre

FONDANT
AU CHOCOLAT AU LAIT

6 personnes

10 MIN

20 MIN

1. Battez les œufs et le sucre, puis incorporez la farine. Faites fondre le chocolat et le beurre au micro-ondes, puis ajoutez-les au mélange précédent.

2. Versez la préparation dans un moule à manqué de 20 cm de diamètre tapissé de papier sulfurisé. Recouvrez de film alimentaire.

3. Versez 200 ml d'eau dans la cuve, installez le panier vapeur et déposez le moule à l'intérieur. Sélectionnez le mode **Manuel**, puis **Cuisson rapide** pour 20 minutes. Parsemez de cacao en poudre avant de servir.

ZEBRA CAKE
CHOCOLAT-VANILLE

6 personnes

30 MIN

50 MIN

ingrédients

1 yaourt nature

3 pots de farine

2 pots de sucre

2 œufs

½ pot d'huile de tournesol

1 sachet de levure chimique

1 cuill. à café d'extrait de vanille

30 g de chocolat en poudre

100 g de chocolat noir à pâtisser

1. Versez le yaourt dans un saladier, puis lavez le pot et séchez-le afin de l'utiliser comme doseur. Ajoutez la farine, le sucre, les œufs, l'huile et la levure chimique. Mélangez bien le tout à l'aide d'un fouet.

2. Divisez la pâte dans deux récipients différents. Incorporez l'extrait de vanille dans l'un et le chocolat en poudre dans l'autre. Tapissez le fond d'un moule à manqué de 20 cm de papier sulfurisé. Déposez une louche de pâte au chocolat puis versez une louche de pâte à la vanille par-dessus, au centre. Continuez jusqu'à épuisement des pâtes. Recouvrez le moule de film alimentaire.

3. Versez 300 ml d'eau dans la cuve du Cookeo, installez le panier vapeur et déposez le moule à l'intérieur. Sélectionnez le mode **Manuel**, puis **Cuisson rapide** pour 50 minutes. Laissez refroidir complètement avant de démouler. Faites fondre le chocolat au bain-marie et versez-le sur le gâteau. Laissez tiédir et dégustez.

ingrédients

1 yaourt nature

3 pots de yaourt de farine

2 pots de yaourt de sucre

2 œufs

½ pot de yaourt d'huile

1 sachet de levure chimique

4 oranges

GÂTEAU AU YAOURT ET À L'ORANGE

6 personnes

10 MIN

50 MIN

1. Versez le yaourt dans un saladier. Lavez le pot et séchez-le afin de l'utiliser comme doseur. Ajoutez la farine, le sucre, les œufs, l'huile et la levure chimique. Mélangez bien le tout à l'aide d'un fouet.

2. Prélevez le zeste de 2 oranges et ajoutez-les à la pâte. Versez la préparation dans un moule de 20 cm de diamètre tapissé de papier sulfurisé. Recouvrez de film alimentaire.

3. Versez 300 ml d'eau dans la cuve du Cookeo, installez le panier vapeur et déposez le moule à l'intérieur. Sélectionnez le mode **Manuel**, puis **Cuisson rapide** pour 50 minutes.

4. Pelez à vif les oranges restantes et coupez-les en tranches. Disposez-les sur le gâteau refroidi après l'avoir démoulé et servez.

ingrédients

235 g d'abricots en conserve égouttés

3 œufs

60 g de sucre

60 g de farine

200 ml de lait

1 cuill. à soupe d'eau de fleur d'oranger

CLAFOUTIS AUX ABRICOTS ET FLEUR D'ORANGER

6 personnes

15 MIN

40 MIN

1. Coupez les abricots en morceaux et disposez-les au fond d'un moule à manqué de 20 cm de diamètre tapissé de papier sulfurisé.

2. Battez les œufs et le sucre dans un saladier. Ajoutez la farine progressivement. Incorporez le lait et l'eau de fleur d'oranger, puis mélangez jusqu'à obtention d'une pâte homogène. Versez sur les abricots et recouvrez le moule de film alimentaire.

3. Versez 200 ml d'eau dans la cuve du Cookeo, installez le panier vapeur et déposez le moule à l'intérieur. Sélectionnez le mode **Manuel**, puis **Cuisson rapide** pour 40 minutes. Laissez le gâteau refroidir avant de le démouler.

ingrédients

200 g de sablés

110 g de beurre doux

130 g de sucre
2 cuill. à soupe de farine

3 œufs

400 g de fromage blanc
200 g de crème liquide

1 cuill. à soupe d'extrait de vanille

CHEESECAKE À LA VANILLE

6 personnes

20 MIN

35 MIN

12 H

1. Réduisez les sablés en poudre et mélangez-les avec le beurre fondu. Tapissez le fond d'un moule à manqué de 20 cm de diamètre de papier sulfurisé. Versez-y le mélange précédent. Tassez bien avec le dos d'une cuillère et réservez au réfrigérateur.

2. Mélangez le sucre avec la farine, les œufs, le fromage blanc, la crème liquide et l'extrait de vanille jusqu'à obtention d'une pâte homogène. Versez dans le moule et recouvrez de film alimentaire.

3. Versez 300 ml d'eau dans la cuve du Cookeo, installez le panier vapeur et déposez le moule à l'intérieur. Sélectionnez le mode **Manuel**, puis **Cuisson rapide** pour 35 minutes. Lorsque le cheesecake est cuit, laissez-le refroidir puis placez-le au réfrigérateur toute une nuit.

ingrédients

3 œufs

140 g de sucre

140 g de farine

1 sachet de levure chimique

80 ml d'huile de tournesol

2 citrons

CAKE MOELLEUX AU CITRON

4 personnes

15 MIN

50 MIN

1. Battez les œufs et le sucre dans un saladier. Incorporez la farine, la levure chimique et l'huile. Prélevez les zestes et le jus des citrons, puis ajoutez-les à la préparation. Mélangez bien. Versez la pâte dans un moule à cake de 20 cm et couvrez-le de film alimentaire.

2. Versez 300 ml d'eau la cuve du Cookeo, installez le panier vapeur et déposez le moule à l'intérieur. Sélectionnez le mode **Manuel**, puis **Cuisson rapide** pour 50 minutes. Laissez le cake refroidir avant de le démouler.

ingrédients

5 bananes

110 g de beurre ramolli

1 sachet de sucre vanillé

80 g de farine

80 g de noix de coco râpée

80 g de sucre

100 g de chocolat noir à pâtisser

CRUMBLE BANANE, COCO ET CHOCOLAT

6 personnes

20 MIN

30 MIN

1. Épluchez les bananes et coupez-les en morceaux. Sélectionnez le mode **Manuel** du Cookeo, puis **Dorer**. Placez 30 g de beurre et le sucre vanillé dans la cuve. Ajoutez les bananes. Faites cuire 5 minutes en remuant régulièrement. Déposez les bananes cuites dans un plat à gratin et réservez.

2. Préchauffez le four à 200 °C. Mettez le beurre restant, la farine, la noix de coco râpée et le sucre dans un saladier, puis mélangez du bout des doigts jusqu'à obtention d'une consistance sableuse.

3. Concassez le chocolat à l'aide d'un couteau et répartissez-le sur les bananes. Ajoutez la pâte à crumble et enfournez pour 30 minutes.

ÎLES FLOTTANTES

4 personnes

10 MIN

10 MIN

30 MIN

ingrédients

4 œufs

120 g de sucre

500 ml de lait

1 cuill. à café d'extrait de vanille

30 g de Maïzena®

40 g de sucre glace

4 cuill. à soupe de caramel liquide

1. Séparez les blancs des jaunes d'œufs. Battez les jaunes avec le sucre. Versez le lait et l'extrait de vanille dans la cuve du Cookeo. Portez à ébullition sur le mode **Dorer**, puis ajoutez les jaunes d'œufs sucrés et la Maïzena®. Fouettez et faites cuire jusqu'à ce que la crème épaississe (environ 3 minutes), sans cesser de remuer. Après cuisson, transvasez la crème anglaise dans un récipient et laissez refroidir complètement.

2. Battez les blancs d'œufs en neige. Lorsqu'ils deviennent bien mousseux, ajoutez le sucre glace et continuez de battre. Lavez la cuve. Versez-y 200 ml d'eau, installez le panier vapeur et placez à l'intérieur les œufs en neige transvasés dans un petit récipient. Sélectionnez le mode **Manuel**, puis **Cuisson rapide** pour 4 minutes.

3. Prélevez des œufs en neige avec une cuillère et posez-les dans des petits ramequins, avec de la crème anglaise. Nappez de caramel et dégustez.

ingrédients

540 ml de lait demi-écrémé

130 g de riz rond

80 g de sucre

80 g de chocolat noir à pâtisser

RIZ AU LAIT AU CHOCOLAT

4 personnes

5 MIN

10 MIN

2 H

1. Versez 500 ml de lait, le riz, le sucre et le chocolat cassé en morceaux dans la cuve du Cookeo. Sélectionnez le mode **Manuel**, puis **Cuisson rapide** pour 10 minutes.

2. Ajoutez le lait restant et mélangez bien. Répartissez le riz au lait dans des verrines ou des ramequins. Réservez 2 heures au réfrigérateur.

ingrédients

700 ml de lait entier

80 g de sucre

15 g de café soluble
40 g de Maïzena®

250 ml de crème liquide

30 g de sucre glace

1 cuill. à café de chocolat en poudre

CRÈMES AU CAFÉ FAÇON CAPPUCCINO

6 personnes

10 MIN

5 MIN

2 H

1. Choisissez le menu **Recettes** du Cookeo, puis **Desserts** et enfin **Crèmes dessert à la vanille**. Laissez préchauffer.

2. Versez le lait, le sucre, le café soluble et la Maïzena® dans la cuve. Faites cuire sans cesser de remuer jusqu'à ce que la crème épaississe.

3. Ajoutez 120 ml de crème liquide, mélangez et répartissez dans des ramequins. Réservez 2 heures au réfrigérateur.

4. Avant de servir, fouettez le reste de crème liquide au batteur électrique jusqu'à ce qu'elle mousse, puis ajoutez le sucre glace. Continuez de fouetter jusqu'à obtention d'une Chantilly. Versez dans une poche à douille et pochez sur les crèmes au café. Parsemez de chocolat en poudre et servez.

ingrédients

3 oranges

20 g de beurre

1 barquette de framboises

1 sachet de sucre vanillé

400 g de fromage blanc
50 g de sucre

3 blancs d'œufs
50 g de sucre glace

MOUSSES DE FROMAGE BLANC, ORANGE ET FRAMBOISES

4 personnes

20 MIN

5 MIN

1 H

1. Coupez les oranges à vif et détaillez la chair en morceaux.

2. Sélectionnez le mode **Manuel** du Cookeo, puis **Dorer**. Placez le beurre dans la cuve, ajoutez la chair des oranges, les framboises (gardez-en quelques-unes pour servir) et le sucre vanillé. Faites cuire 5 minutes en mélangeant régulièrement. Laissez refroidir complètement.

3. Mélangez le fromage blanc et le sucre. Réservez. Versez les blancs d'œufs et le sucre glace dans un cul-de-poule. Montez-les en neige bien ferme, puis incorporez délicatement au mélange précédent.

4. Répartissez les fruits cuits et bien refroidis dans des ramequins. Recouvrez de mousse. Placez 1 heure au réfrigérateur. Servez avec les framboises fraîches réservées.

ingrédients

500 ml de lait entier

70 g de sucre

50 g de chocolat en poudre

30 g de Maïzena®

100 ml de crème liquide

CRÈMES AU CHOCOLAT NOIR

4 personnes

5 MIN

5 MIN

2 H

1. Choisissez le menu **Recettes** du Cookeo, puis **Desserts** et enfin **Crèmes dessert à la vanille**. Laissez préchauffer.

2. Versez le lait, le sucre, le chocolat en poudre et la Maïzena® dans la cuve. Faites cuire sans cesser de remuer jusqu'à ce que la crème épaississe.

3. Ajoutez la crème liquide, mélangez et répartissez dans des ramequins ou des petits pots. Réservez 2 heures au réfrigérateur avant de servir.

ingrédients

700 g de pommes

2 bananes

1 sachet de sucre vanillé

10 palets bretons

COMPOTE POMMES-BANANES AUX PALETS BRETONS

6 personnes

15 MIN

11 MIN

1. Épluchez les pommes, ôtez-en le trognon et coupez-les en morceaux. Émincez les bananes.

2. Déposez les fruits dans la cuve du Cookeo. Ajoutez 50 ml d'eau, le sucre vanillé et 4 palets bretons émiettés. Choisissez le menu **Recettes**, puis **Compotes de fruits** pour 6 personnes. Faites cuire le temps indiqué (6 minutes en cuisson rapide).

3. Passez en mode **Dorer** et prolongez la cuisson de 5 minutes en mélangeant régulièrement. Laissez refroidir, puis brisez les palets bretons restants sur la compote au moment de servir.

ingrédients

8 tranches d'ananas

2 cuill. à soupe de miel

20 g de beurre

400 g de fromage blanc

30 g d'amandes effilées

FROMAGE BLANC À L'ANANAS CARAMÉLISÉ

4 personnes

10 MIN

3 MIN

1. Coupez les tranches d'ananas en morceaux. Sélectionnez le mode **Manuel** du Cookeo, puis **Dorer**. Faites fondre le beurre dans la cuve. Ajoutez l'ananas et le miel. Laissez caraméliser 3 minutes en mélangeant régulièrement.

2. Répartissez le fromage blanc dans des verrines et déposez les morceaux d'ananas caramélisés par-dessus.

3. Torréfiez légèrement les amandes effilées à la poêle et parsemez-en les desserts. Terminez par un filet de miel.

ingrédients

1 petit pot de lait concentré sucré (397 g)

40 g de noisettes

4 belles tranches de brioche

BRIOCHE, CONFITURE DE LAIT ET NOISETTES

4 personnes

15 MIN

40 MIN

1. Préparez la confiture de lait. Versez 300 ml d'eau dans la cuve du Cookeo, installez le panier vapeur et déposez le pot de lait concentré fermé à l'intérieur. Sélectionnez le mode **Manuel**, puis **Cuisson rapide** pour 40 minutes.

2. Concassez les noisettes et faites-les torréfier 5 minutes dans une poêle chaude en les remuant régulièrement. Réservez.

3. Toastez les tranches de brioche et servez-les avec la confiture de lait et les noisettes torréfiées.

Index

TABLE DES ÉQUIVALENCES FRANCE-CANADA

Poids

55 g	2 onces	200 g	7 onces	500 g	17 onces
100 g	3 onces	250 g	9 onces	750 g	26 onces
150 g	5 onces	300 g	10 onces	1 kg	35 onces

Ces équivalences permettent de calculer le poids à quelques grammes près (en réalité, 1 once = 28 g).

Capacités

25 cl	1 tasse	75 cl	3 tasses
50 cl	2 tasses	1 l	4 tasses

Pour faciliter la mesure des capacités, une tasse équivaut ici à 25 cl (en réalité, 1 tasse = 8 onces = 23 cl).

Les Éditions Dessain et Tolra utilisent des papiers composés de fibres naturelles, renouvelables, recyclables et fabriquées à partir de bois issus de forêts qui adoptent un système d'aménagement durable. En outre, les Éditions Dessain et Tolra attendent de leurs fournisseurs de papier qu'ils s'inscrivent dans une démarche de certification environnementale reconnue.

ISBN : 978-2-03-596108-2

Photogravure Nord Compo

Imprimé en Espagne
par Graficas Estella

Dépôt légal : janvier 2019

322632/03 – 11042258 – juillet 2019

PAPIER À BASE DE FIBRES CERTIFIÉES

Dessain & tolra s'engage pour l'environnement en réduisant l'empreinte carbone de ses livres. Celle de cet exemplaire est de :

1,2 kg éq. CO_2